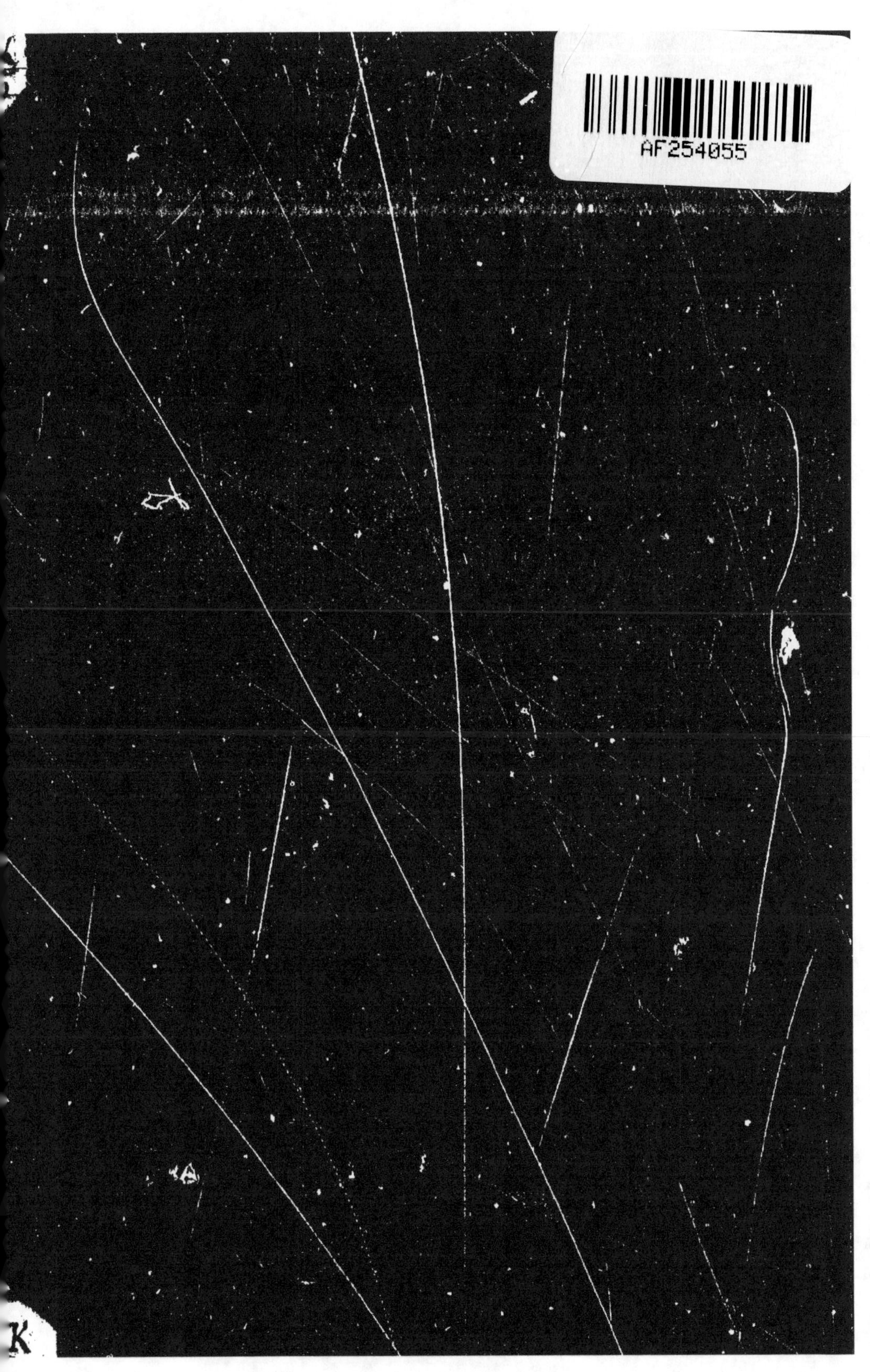
AF254055

# ROBERT LE FORT.

## SA FAMILLE ET SON ORIGINE.

# ROBERT LE FORT.

## SA FAMILLE ET SON ORIGINE

PAR

**le v^te Louis RIOULT de NEUVILLE.**

TOULOUSE

IMPRIMERIE A. CHAUVIN ET FILS

3, RUE MIREPOIX, 3.

1873

# ROBERT LE FORT.

## SA FAMILLE ET SON ORIGINE.

I

La naissance de Robert le Fort et l'origine de la maison capétienne
ont été depuis trois siècles le sujet de nombreuses recherches et de vo-
lumineuses dissertations. Mais loin d'éclaircir un problème déjà très-
difficile, les travaux qui avaient pour but de le résoudre n'ont jusqu'à
présent servi qu'à le rendre au contraire plus inextricable. Le désir d'at-
teindre un résultat déterminé d'avance, chez les uns rattacher la maison
royale aux dynasties qui avaient précédemment régné sur la France, chez
les autres trouver son origine dans une race étrangère, a souvent égaré
des savants, d'ailleurs estimables, dans des systèmes inadmissibles, ou
du moins dépourvus de fondements sérieux. Plusieurs auteurs se sont
même montrés assez peu scrupuleux pour échafauder leurs théories sur
des textes apocryphes ou interpolés, et par ce moyen ont jeté sur les
éléments de la question une incertitude plus grande encore. Aujourd'hui,
cependant, les recherches généalogiques, frappées d'un discrédit trop
justement mérité, n'excitent plus le même intérêt passionné, et personne
ne croirait plus ajouter ou retrancher quelque chose à la gloire d'une

race qui a tenu dans l'histoire une place sans égale, en allongeant ou abrégeant de quelques degrés la liste de ses ancêtres. C'est ce qui a fait penser à un écrivain doué de la plus saine érudition et d'une compétence toute spéciale en pareille matière, M. Anatole de Barthélemy, que le temps était venu de diriger de ce côté de nouvelles investigations (1). Les recherches auxquelles il s'est livré, les théories qu'il a développées, intéressent à un trop haut degré l'histoire générale pour qu'elles doivent passer inaperçues; il importe singulièrement à la connaissance exacte de l'époque carolingienne de signaler les résultats auxquels il est parvenu, comme aussi d'indiquer les points sur lesquels il a adopté des solutions de nature à n'être pas généralement acceptées.

Il n'est pas nécessaire de suivre ici M. de Barthélemy dans la revue de tous les textes originaux fournis par les anciens chroniqueurs, et de toutes les opinions émises par des savants modernes en ce qui concerne Robert le Fort. La plupart de ces opinions ne soutiennent pas l'examen. Le plus grand nombre de ces autorités sont dépourvues de poids. Il n'est en réalité que deux thèses auxquelles il y ait lieu d'apporter une sérieuse attention, et c'est d'un très-petit nombre de textes qu'elles reçoivent quelque force. Que sert en effet la multiplicité des citations quand elles ne font que répéter des assertions puisées à une source unique? La critique historique ne doit jamais perdre de vue ce principe, qu'un témoignage emprunte sa valeur au degré de confiance que mérite le témoin, et non au plus ou moins grand nombre d'auteurs qui l'ont reproduit.

Suivant Aimoin, moine de Fleury, qui écrivait vers l'an 1000, Robert le Fort était Saxon d'origine : *Robertus Andegavensis comes, Saxonici generis vir.* La chronique de Richer, retrouvée et publiée par Pertz, attribue à Robert une naissance également étrangère : il lui donne pour père un réfugié allemand du nom de Witichin : *Hic,* c'est du roi Eudes qu'il est question, *patrem habuit ex equestri ordine Rotbertum ; avum verò paternum Witichinum advenam germanum.* Richer composait son livre dans les dernières années du dixième siècle. D'un autre côté, Abbon, le seul au-

(1) *Les origines de la maison de France,* par M. Anatole de Barthélemy. *Revue des questions historiques,* 1er janvier 1873, tome XIII, pages 108-144.

teur du neuvième siècle dont l'autorité puisse être invoquée dans ce débat, insiste en termes plus vagues, mais non sans emphase, sur la nationalité neustrienne du roi Eudes et de Robert son frère : Eudes régnait encore quand il composa son poëme :

> *... Neustria nobilior cunctis regionibus orbis,*
> *Quæ castè fueras procerum genitrix dominantum...* (1).

Dans un autre endroit il appuie encore sur la qualité de Neustrien du roi Eudes : pour Abbon la Neustrie commençait à la Seine et finissait à la Loire. Il l'oppose à la France d'entre Seine et Meuse :

> *... Francia lætatur quamvis is Neustricus esset* (2).

Tandis que plusieurs historiens modernes ont regardé le témoignage de Richer comme décisif, M. de Barthélemy, s'appuyant sur le texte d'Abbon, conclut en faveur de l'origine neustrienne de Robert. Il objecte avec raison à l'autorité de Richer la distance des temps, et plus encore la partialité de cet auteur. Richer, attaché par les exemples et les traditions paternelles à la cause des derniers Carolingiens, à ce titre disposé à accueillir tous les récits défavorables à la maison régnante, est un témoin justement suspect. Les termes mêmes dont il se sert en parlant de Robert le Fort ne donnent pas lieu de croire qu'il fût parfaitement instruit des circonstances de sa vie. Incomparablement préférable serait l'autorité d'Abbon, si elle avait toute la portée que lui attribue M. de Barthélemy. Mais, il faut l'avouer, si, à titre de contemporain, Abbon est un témoin au-dessus de tout autre, peut-être aussi n'a-t-il pas voulu attacher à ses expressions le sens étendu que l'on veut y trouver. En donnant à Eudes le nom de Neustrien, peut-être ne songeait-il qu'à la situation personnelle de ce prince, et laissait-il de côté le souvenir des générations passées. M. de Barthélemy ne semble donc pas avoir sur ce point suffisamment justifié son opinion, ni même avoir assez tenu compte des apparences qui militent en faveur de l'origine saxonne attribuée à Robert

(1) Livre I, vers 518.
(2) Livre II, vers 447.

le Fort. On admettra difficilement avec lui que la nationalité de la mère d'Hugues Capet lui-même, dont Richer et Aimoin étaient les contemporains, ait été la source des bruits populaires dont ils se sont faits les échos. Il ne sera donc point inutile de rechercher les circonstances qui ont pu donner naissance à cette tradition, comme aussi les motifs qui ne permettent pas de la regarder comme suffisamment justifiée.

Nous trouvons, dans les *Annales de Metz* rédigées par un contemporain des enfants de Robert le Fort, la mention d'un fait digne de remarque. Quand Charles le Chauve entreprit contre les Bretons la campagne malheureuse de l'an 860, son avant-garde était, suivant cet auteur, composée de mercenaires saxons (1). Il est vrai que Robert, pour des motifs sur lesquels nous aurons plus tard à revenir, étant alors en pleine révolte, combattait dans les rangs opposés. On peut toutefois supposer, avec beaucoup de vraisemblance, qu'après avoir reçu, l'année suivante, le commandement supérieur des forces royales sur cette même frontière, il conserva sous ses ordres les auxiliaires saxons. Une pensée vient naturellement à l'esprit : n'était-ce point à la tête de ces Saxons, des rangs desquels il pouvait être sorti, que Robert le Fort avait commencé à se faire connaître? On peut, il est vrai, trouver plus d'une difficulté au fait allégué par l'annaliste de Metz. Comment Charles le Chauve pouvait-il recruter des auxiliaires parmi les sujets de Louis le Germanique, qui, ayant lui-même à se défendre contre les Obotrites et les Normands, cherchait en même temps à le supplanter dans la possession de son royaume de Neustrie? Ne serait-il pas plutôt question de troupes levées dans ces districts des diocèses de Bayeux, de Séez et du Mans alors désignés par les noms de *Saxia* ou *Saxonia* (2) Le chroniqueur médiocrement informé des événe-

(1) « Carolus cum magno exercitu Britanniam intravit. Pugna committitur. Saxones, » qui conducti fuerunt, ad excipiendos velocium equorum anfractuosos recursus, in » prima fronte ponuntur. Sed primo impetu spiculis Britonum in acie se recondunt... » (*Annales de Metz*, an 860.)

(2) Une partie du comté de Bayeux portait le nom d'*Otlinga Saxonica* ; elle correspondait à l'ancien archidiaconé d'Hyesmois du diocèse de Bayeux. La cité épiscopale de Séez, métropole du peuple gallo-romain des *Saii* ou *Sagii*, est nommée dans d'anciens documents *Saxia* et *civitas Saxonum*. En 941, *Guido Saxonensium episcopus*, v. *Pancarte noire*, par M. Emile Mabille, page 211. Une partie du Maine, le Saosnois, était nommée *Pagus Sagonensis* ou *Saxonensis*. Enfin, dans le Corbonnais, depuis compris dans le Perche, se

ments dont la France occidentale était le théâtre, n'aurait-il point été induit en erreur par la similitude des noms, et ne donnerait-il qu'en raison d'une méprise le titre de mercenaires aux soldats de l'avant-garde neustrienne? Cependant il a certainement existé sur les bords de la Loire des traditions pouvant se rattacher au fait attesté par les *Annales de Metz*. Au dixième siècle on connaissait aux portes de Tours la rue des Saxons et le Pont du Saxon (1). Prenons donc comme avérée la présence d'un corps d'auxiliaires saxons en Touraine à l'époque précise où le nom de Robert le Fort est pour la première fois mentionné dans l'histoire : faudra-t-il, même en ce cas, conclure à l'exactitude de l'assertion d'Aimoin? Je ne le pense pas. Il est un fait résultant de diverses preuves, que l'on n'a jamais pu révoquer en doute, et que M. de Barthélemy s'est attaché à mettre particulièrement en lumière ; un fait, dis-je, qui rend l'origine saxonne attribuée à Robert dépourvue de vraisemblance, de même qu'il rend tout à fait inacceptable le récit de Richer (2). Ce fait, c'est que Robert était uni par le lien d'une étroite parenté à plusieurs des familles les plus puissantes du royaume de Neustrie, et même

trouvait la Cour de Saxe, *Curtis Saxiæ*. Ces noms devaient-ils leur origine aux Saxons qui, sous leur roi Odoacre, ravagèrent le nord-ouest de la Gaule dans les premières années du cinquième siècle? Ne sont-ils pas simplement dérivés du nom des *Sagii* du Bas-Empire, prononcé avec le son dur, et peut-être altéré en celui de *Saxii?* C'est une question difficile à résoudre. Du reste, il est utile de remarquer que les familles les plus distinguées des pays auxquels s'appliquaient ces divers noms s'enorgueillissaient d'appartenir à la race des Francs. Voyez dans Orderic Vital l'ancienne vie de saint Evroult ; Adelelme, évêque de Séez, vie de sainte Opportune ; *Neustria Pia*, sainte Barbe en Auge ; M. de Caumont, *Statistique monumentale du Calvados*, tome V. Inscription de Vieux-Pont. « *Ranoldus... ille fuit de gente Francorum.* »

(1) M. Emile Mabille, *La Pancarte noire*, page 231. *Mémoires de la Société archéologique de Touraine.*

(2) Il est difficile de deviner l'origine de la fable de Witichin. Remarquons toutefois que, dans un des seuls actes authentiques émanés de Robert le Fort qui soit parvenu jusqu'à nous, c'est-à-dire dans le contrat d'échange fait au mois de mai 866 avec Actard, évêque de Nantes, concernant certains domaines du Blaisois, il mentionne parmi ses vassaux les héritiers d'un nommé Witicand. Ce nom n'est pas de ceux qu'on s'attendrait à trouver en usage sur les bords de la Loire. Une circonstance de ce genre a-t-elle pu donner naissance à la légende recueillie par Richer? Les renseignements de détails, sur une époque aussi reculée, sont trop rares, pour qu'il y ait lieu d'espérer à cet égard le moindre éclaircissement.

allié au degré le plus proche, et par plus d'un côté, à la famille régnante elle-même. Qu'un chef de mercenaires étrangers ait pu par ses exploits conquérir avec le plus haut rang la main d'une princesse, ce n'est point une chose en elle-même impossible. Mais, nous le verrons bientôt, les rapports de famille, dont les traces sont marquées dans l'histoire de Robert et de ses fils, offrent un tel caractère de diversité, de complication et d'ancienneté, qu'on ne peut les attribuer tous à la même alliance. Il faut donc les faire remonter en partie à un degré plus éloigné, et on se trouve là en présence d'une parenté au milieu de laquelle on ne saurait, sans la plus complète invraisemblance, trouver place pour un personnage aussi obscur que le prétendu Witichin.

## II

Avant de nous plonger dans le dédale des généalogies carolingiennes, il est deux ordres de faits qu'il faut rappeler à la mémoire comme fournissant souvent des indications dont il importe de ne pas méconnaître la valeur. L'un est la tendance habituelle que l'on peut observer du huitième au dixième siècle, dans la plupart des familles marquantes, à reproduire dans leurs rejetons les noms portés par les précédentes générations : coutume assez constante pour suffire dans beaucoup de cas à donner, sur l'origine des personnages de l'époque, de précieux indices. De même que certains noms propres n'étaient pas également usités dans les différentes provinces, ainsi il en était que n'employaient pas indistinctement toutes les familles. En s'attachant à perpétuer dans le nom de l'enfant le souvenir des aïeux, on accordait la préférence à la lignée paternelle, mais sans exclure les parents maternels dont la mémoire rappelait de glorieuses actions. Cet usage donnerait la clé de beaucoup de problèmes intéressant la biographie des hommes marquants de cette époque, si certains noms n'avaient été alors trop généralement employés pour qu'on puisse facilement distinguer les personnages qu'ils représentent. Ainsi, sous le seul règne de Charles le Chauve, on rencontre les traces de huit ou neuf hommes d'une notable importance historique, tous également désignés par le nom de Bernard ; et quand une chronique nous parle de Bernard fils de Bernard, il ne se trouve pas moins de trois homonymes du rang de comte qui, dans le même temps, pouvaient être nommés ainsi avec exactitude. C'est ce qui a engagé l'érudition moderne à distinguer ces trois personnages par le nom de leurs mères, comme le seul moyen d'éviter de les confondre. Il est donc nécessaire d'user d'une extrême circonspection pour ne pas identifier des personnalités différentes sur la seule ressemblance du nom.

Ces difficultés deviennent moins formidables, et les liens de famille entre les hommes marquants de cette époque cessent d'échapper à nos investigations aussitôt que nous sommes en présence de l'hérédité des grandes charges publiques, et c'est là la seconde et la plus positive des indications sur lesquelles nous pouvons baser nos recherches. Mais pour n'être point entraîné sur le terrain de l'erreur, il faut avant tout se rendre un compte exact du moment précis où les diverses fonctions politiques sont devenues héréditaires ; et comme à cet égard le fait et le droit ont été longtemps en complète opposition, il est indispensable de s'arrêter à des données claires et certaines. En portant leurs regards tantôt sur l'ordre régulier consacré par les lois, tantôt sur des faits incessants en contradiction directe avec ce régime légal, les érudits les plus estimables se sont plus d'une fois égarés dans des assertions confuses et contradictoires. M. de Barthélemy lui-même n'est pas tout à fait à l'abri de ce reproche : « Du huitième au dixième siècle, » nous dit-il, « les » comtes, les marquis et les ducs étaient parfaitement amovibles : il » arrivait souvent que ces dignités passaient du père au fils, mais ce » n'était pas par droit héréditaire ; le souverain intervenait à chaque » transmission, et conservait toujours le droit de priver le titulaire des » honneurs dont il était revêtu par concession royale (1). » Voilà des principes dont la parfaite exactitude ne saurait être révoquée en doute pour ce qui concerne le huitième siècle et le premier tiers du siècle suivant. Est-il possible d'en étendre l'application aussi loin que le dixième siècle? Ce serait contredire une multitude de faits des mieux avérés. M. de Barthélemy doit reconnaître ce que sa théorie renferme de trop absolu, puisqu'il indique lui-même la transmission d'un comté comme

(1) Page 133.

présomption de parenté dès la première moitié du neuvième siècle. S'il voulait se conformer à toute la rigueur de ses principes, le système qu'il nous offre sur l'origine de Robert le Fort manquerait en réalité de fondements sérieux.

Il ne suffit point, en effet, de constater que l'autorité des comtes a longtemps encore été considérée en droit comme une émanation de l'autorité royale, et que plus d'une fois, même dans le cours du dixième siècle, les rois ont librement disposé de tel ou tel comté. Ces cas exceptionnels trouvent leur explication dans des circonstances particulières. Il n'en est pas moins certain qu'en fait, à partir de la fin du règne de Charles le Chauve, non-seulement les titulaires de ces charges les ont regardées comme une sorte de propriété dont la violence seule pouvait les dépouiller, mais que leurs héritiers directs, et même, au défaut de ceux-ci, leurs collatéraux les plus proches, ont presque toujours recueilli les comtés comme un héritage qui ne pouvait sans injustice leur être refusé. C'est là une vérité généralement reconnue par les historiens. Il y a plus, pendant tout le cours du règne de Charles le Chauve, pendant la dernière période de celui de Louis le Débonnaire, on constate aisément l'existence d'un ordre de choses intermédiaire où le droit du souverain, sans être contesté en principe, était en réalité d'une application extrêmement difficile. De même que les gouverneurs de villes et de provinces, à la fin du seizième et au commencement du dix-septième siècle, considéraient leurs charges comme un patrimoine de famille qu'ils prétendaient transmettre à leurs descendants, ainsi les comtes francs, au milieu du neuvième siècle, se comportaient déjà comme si les fonctions dont ils étaient revêtus eussent été indépendantes de la volonté royale ; ils refusaient de s'en dessaisir s'ils n'y étaient contraints par une force supérieure ; ils croyaient la révolte légitime pour s'en assurer la conservation ou pour les recouvrer s'ils en étaient écartés. Il est vrai qu'entre les factions ennemies qui se disputaient le pouvoir, des retours de fortune amenaient fréquemment la proscription des titulaires et la ruine de leur famille. Mais aussitôt que leur parti reprenait des forces, les fils revendiquaient la succession aux charges paternelles, et, les armes à la main, tâchaient d'en reprendre possession. A défaut des fils, les plus proches héritiers du sang, parfois même des parents par alliance, élevaient de semblables prétentions. Elles ne s'appuyaient évidemment sur aucun fondement légal, mais elles supposent du moins qu'en règle générale les comtés étaient regardés comme des apanages de famille, dont les souverains devaient respecter l'ordre naturel de transmission.

L'origine de cet état de choses remonte, on n'en peut guère douter, à la seconde période du règne de Louis le Débonnaire. Quand ce faible prince, dominé par l'impératrice Judith, s'efforçait d'assurer la grandeur de Charles, son fils du second lit, en annulant les partages précédemment faits entre ses autres enfants ; quand ceux-ci cherchaient, de leur côté, à régner par le renversement du trône paternel et luttaient entre eux pour s'assurer la meilleure part dans ses débris, ils ne négligèrent rien de part et d'autre pour gagner à leur cause les principaux personnages qui réunissaient dans leurs provinces l'autorité civile et militaire, et disposaient en réalité des forces vives de la nation. Pour s'assurer l'appui des comtes, ils ne durent reculer devant aucune promesse. Etant vainqueurs, ils avaient tout intérêt à anéantir les dignitaires de la faction rivale, mais étaient astreints non moins étroitement à respecter chez leurs propres partisans toute prétention compatible avec le bien de leur cause. Dans un tel état de choses, il arrivait presque toujours que le titulaire d'un comté avait pour successeur son héritier le plus proche, à moins que le triomphe d'un parti hostile ne fît tomber sa charge entre les mains d'un adversaire. Ainsi, quand on voit deux personnages se succéder dans la possession d'un comté, il y a lieu de présumer qu'ils étaient unis par les liens de la plus proche parenté, dès lors qu'ils appartenaient à la même faction.

Il faut donc, quant à l'hérédité des charges, distinguer dans le cours du neuvième siècle trois périodes successives. Dans la première, qui s'étend jusque vers l'an 830, les charges sont à la disposition absolue de l'autorité souveraine, et leur transmission est indépendante des rapports de parenté. Pendant la seconde époque, de l'an 830 à la mort de Charles le Chauve en 877, la possession des charges, soumise à de fréquentes vicissitudes, tend toutefois à se perpétuer par voie de succession. Dans la troisième, l'hérédité devient un fait habituel, sans être encore élevée à la hauteur d'un droit. Telles sont les conclusions qui naissent de l'observation générale des faits, et que la constatation de plusieurs cas exceptionnels ne suffit pas à infirmer.

Quand nous voyons, aussitôt après la mort de Robert le Fort au combat de Brissarthe, toutes les charges et dignités qu'il occupait accordées à Hugues l'Abbé, fils du comte Conrad, et petit-fils de Welf d'Altdorf; quand nous voyons, quinze ans après, une partie des mêmes honneurs faire retour à Eudes et à Robert, son frère, sans opposition de la part de Hugues, alors tout-puissant dans l'Etat, et ceux qu'il conservait encore recueillis par eux après sa mort : nous nous trouvons en présence d'une suite de faits que les mœurs du temps rendraient inexplicables, si nous ne supposions ces personnages unis entre eux par les liens d'une étroite parenté. Il est vrai, à la mort de Robert le Fort, ses enfants étaient encore en bas âge; Hugues, neveu de l'impératrice Judith, cousin germain du roi Charles le Chauve, devait tenir, dans la faveur royale, un assez haut rang pour obtenir une large part dans les bénéfices vacants. L'élévation de Hugues s'explique donc sans peine. Il serait moins aisé de concevoir comment les enfants qu'il aurait supplantés seraient à leur tour devenus ses héritiers, même de son vivant; comment Eudes put alors succéder à Conrad, comte de Paris, propre frère de Hugues. A défaut de toutes preuves directes, nous serions déjà en droit de supposer que ce dernier n'était pas un étranger pour les fils de Robert le Fort. Mais nous ne sommes pas à cet égard réduits aux conjectures. Un témoignage formel, celui de la *Chronique de Saint-Bénigne de Dijon*, nous fournit la preuve de cette parenté, bien qu'en termes assez peu exacts pour devenir une énigme. Selon le chroniqueur, Hugues était frère des fils de Robert le Fort : *Supererant duo filii Roberti Andegavorum comitis, fratres Hugonis abbatis*. Ces paroles ne peuvent être prises au pied de la lettre. Nous savons, par les autorités les moins suspectes, que Hugues était fils du comte Conrad et d'Adélaïde, fille elle-même de Hugues d'Alsace, et l'énorme différence d'âge qu'il y avait entre lui et les enfants de Robert suffit à nous interdire de supposer qu'il fut leur frère utérin. On a quelquefois soutenu que la véritable leçon de ce passage devait être *fratris*, et que Hugues était le propre frère de Robert le Fort; mais il résulte des explications données par M. de Barthélemy que cette dernière version n'est pas confirmée par l'examen du manuscrit original. Voir dans Robert le Fort un fils de Conrad, c'est là une hypothèse qui a tenté plusieurs érudits modernes, à commencer par le savant Chifflet. Rien cependant, dans les auteurs de l'époque ou du moyen âge tout entier, aucun indice puisé dans les anciennes chartes ne laisse entrevoir la plus légère trace d'un fait qui eût été de nature à conserver longtemps la plus grande notoriété. Si la maison de France était une branche issue de la race de Welf, bientôt appelée à régner sur la Bourgogne Transjurane, cette communauté d'origine pouvait-elle si vite tomber dans l'oubli? Il est bien plus naturel de présumer que ce passage de la *Chronique de Saint-Bénigne*, de même que beaucoup de textes analogues, ne doit pas être entendu dans un sens rigoureux, et que l'annaliste a employé le mot *frère* pour indiquer un lien de famille de la nature la plus étroite, mais dont il ne trouvait pas utile d'expliquer, ou ne connaissait pas lui-même le degré exact.

M. de Barthélemy nous propose à cet égard un système d'interprétation. Selon lui, Robert le Fort a été marié deux fois; en premières noces, il a épousé une princesse italienne, nous dirons tout à l'heure pourquoi; il en a eu deux fils, Eudes, né en 858, et Robert, ainsi qu'une fille, Richilde. Devenu veuf, il a épousé en secondes noces Adélaïde, veuve elle-même de Conrad et mère de Hugues l'Abbé, qui, par suite de cette alliance, aura été considéré comme le frère des beaux-fils de sa mère. Il faut l'avouer, cette hypothèse laisse à désirer sous le rapport des vraisemblances. M. de Barthélemy assigne à la mort de Conrad, mari d'Adélaïde, la date de l'an 866, et croit que Robert le Fort fut tué à Brissarthe, le 2 juillet 867; c'est accorder bien peu de temps au veuvage et à la seconde union d'Adélaïde. Robert n'était certainement pas avancé en âge; l'aîné de ses enfants avait à peine neuf ans : la princesse qu'on lui donne pour épouse devait approcher de la soixantaine, étant sœur d'Hermengarde, mariée à l'empereur Lothaire I<sup>er</sup> en 821. Enfin, il est permis de se demander si une pareille alliance était de nature à inspirer à Hugues des sentiments très-fraternels pour les fils de Robert. Le système adopté par M. de Barthélemy semble donc bien difficile à admettre. On pourrait former trois hypothèses, qui seraient certainement tout aussi acceptables; le chroniqueur a pu employer le mot *frères* pour désigner des cousins germains, ce qui n'est pas sans exemple.

En supposant que Robert le Fort eût épousé une cousine de Hugues l'Abbé, ce serait soit une cousine du côté maternel, fille d'Hermengarde et de l'empereur Lothaire I<sup>er</sup>, soit une nièce du comte Conrad, dont l'existence nous serait restée inconnue. Enfin, l'on peut encore supposer que la femme de Robert le Fort était fille de Conrad et d'Adélaïde, et sœur de Hugues l'Abbé, qui serait en ce cas le propre oncle du roi Eudes. Les détails généalogiques que nous avons sur la famille des Welfs ne sont pas assez circonstanciés pour que nous puissions être assurés d'en retrouver tous les membres.

De ces trois hypothèses, la première est celle qui paraît de nature à soulever le plus d'objections. Comment une alliance de Robert avec la propre fille de l'empereur Lothaire n'aurait-elle laissé de traces dans aucun texte? Comment la qualité de gendre de son plus grand ennemi eût-elle permis à Charles le Chauve de lui accorder sa confiance et de lui remettre le commandement d'un si vaste territoire? Et pourtant, c'est ce que M. de Barthélemy serait assez disposé à admettre, du moins en ce qui concerne le premier mariage qu'il attribue à Robert le Fort. Sur quoi se fonde-t-il? Sur une charte de l'an 887, par laquelle Eudes, depuis roi de France, restitue à l'abbaye de Saint-Martin de Tours, des terres en Italie, autrefois données par Charlemagne. Je l'avoue, cette possession italienne du roi Eudes me paraît s'expliquer aussi bien dans la dernière des trois hypothèses : celle qui verrait dans sa mère une fille de Conrad et d'Adélaïde. Rien de plus simple, dans les mœurs du temps, qu'une largesse faite par l'empereur Lothaire à sa belle-sœur, aux dépens d'une Église étrangère. Est-il, d'ailleurs, prouvé que la possession d'Eudes ait eu une autre source qu'un de ces empiétements alors si fréquents de la part des abbés laïques sur les biens de leurs monastères?

Quoi qu'il en soit de ces diverses conjectures, on ne peut guère se refuser à admettre une alliance entre Robert le Fort et une sœur ou proche parente de Hugues l'Abbé, car on ne peut sans cela expliquer, d'une manière satisfaisante, le rôle joué par ce dernier pendant la jeunesse d'Eudes et de son frère. Il y a tout lieu de croire que ce fut en souvenir de cet illustre personnage que le nom de Hugues fut adopté dans la maison des ducs de France, et porté successivement par Hugues le Grand et par son fils, le roi Hugues Capet.

## III

Si Robert le Fort avait épousé une nièce de l'impératrice Judith, et se trouvait ainsi cousin germain de Charles le Chauve son souverain, il n'était pas, suivant M. de Barthélemy, allié de moins près à ce monarque par la reine Hermentrude. Celle-ci était fille d'Eudes, comte d'Orléans, peut-être aussi de Nevers et d'Autun, et d'Ingeltrude, nièce elle-même du comte Adalard. Son union avec le roi Charles le Chauve fut conclue vers l'an 842; depuis plusieurs années déjà elle avait perdu son père. Eudes avait reçu, en 828, le comté d'Orléans de l'empereur Louis le Débonnaire, qui venait d'en dépouiller le comte Matfrid. Celui-ci embrassa les intérêts de Lothaire, tandis qu'Eudes défendit la cause du vieil empereur. L'armée de Lothaire s'empara d'Orléans, et y rétablit le pouvoir de Matfrid (829). Eudes fut banni; son cousin Héribert, frère du fameux Bernard, comte de Barcelone et marquis de Septimanie, eut les yeux crevés par ordre du vainqueur. Peu de temps après, le parti de Louis le Débonnaire triompha à son tour; Eudes fut remis en possession du comté d'Orléans. Il reçut même, un peu plus tard, le commandement supérieur des provinces situées entre la Seine et la Loire, où Matfrid et Lambert, comte de Nantes, avaient derechef pris les armes au nom de Lothaire (834). Cette campagne fut fatale à Eudes; bien que supérieur en forces, il se laissa surprendre, ou suivant une autre version, fut victime du peu d'union qui régnait dans son armée. Il fut tué dans le combat, et beaucoup d'hommes marquants de son parti périrent avec lui, entre autres Guillaume, comte de Blois, son frère (835). Outre sa fille Hermentrude, Eudes laissait un fils, nommé comme son oncle, Guillaume, dont le sort fut plus déplorable encore. L'an 866, il se révolta contre le roi Charles le Chauve, son beau-frère, qui le fit poursuivre jusqu'en Bourgogne, et, l'ayant pris, lui fit trancher la tête à Senlis.

Suivant l'opinion de M. de Barthélemy, qui, si elle se trouvait fondée, donnerait, en partie du moins, la solution du problème qui se rattache à l'origine de Robert le Fort, le père de celui-ci ne serait autre

que Guillaume, comte de Blois, frère d'Eudes, comte d'Orléans, tué en
même temps que lui dans le combat de 835. Il résulte, en effet, d'un
acte d'échange passé au château de Blois en mai 865, entre Actard,
évêque de Nantes, et Robert le Fort lui-même, que le comté de Blois
était alors en la possession de ce dernier, et qu'il disposait à titre de
propriétaire d'un domaine qui y était compris (1). M. de Barthélemy en
conclut que Blois était alors son patrimoine, qu'il le possédait comme
héritier du comte Guillaume, et qu'il devait en conséquence être son
fils. S'il en eût été autrement, ce n'est point Robert, mais Guillaume,
fils d'Eudes, qui, à titre de neveu du comte de Blois, en eût recueilli
la succession. Il existe même un acte par lequel Robert le Fort confirme
des donations faites par Eudes, comte d'Orléans, son oncle; mais l'au-
thenticité de cette pièce étant révoquée en doute, son autorité est nulle
dans le débat.

La thèse ainsi posée par M. de Barthélemy peut n'être point dénuée
de fondement; toutefois, les motifs sur lesquels il s'appuie sont loin de
lui fournir une démonstration concluante. L'acte de 865 prouve certainement que Robert était comte de Blois et supplée sous ce rapport au
silence des chroniques; quant aux biens dont il disposait, s'ils pouvaient être d'origine patrimoniale, peut-être aussi faisaient-ils partie
des domaines dont la jouissance était attachée aux fonctions de comte.
Dans un temps où les laïques détenteurs des abbayes s'en appropriaient
les biens ou en disposaient librement, il est permis de croire que les
comtes s'attribuaient tous les droits de la propriété sur les terres de leur
apanage. De plus, est-il possible d'admettre que Robert ait succédé
directement dans le comté de Blois au comte Guillaume, tué en 835?
Il n'était probablement alors qu'à peine sorti de l'enfance. Il est pour la
première fois fait mention de lui, avec le titre de comte, à la date de
l'an 859. Il serait assurément très-intéressant de savoir en quelles mains
passa le comté de Blois après la mort de Guillaume; mais c'est encore
un point sur lequel nous manquons de renseignements suffisants. Cependant la comparaison de certains faits pourra fournir à cet égard des

(1) *La Pancarte noire de Saint-Martin de Tours*, par M. Emile Mabille, page 96. Du
Bouchet, *La véritable origine*, etc. Seconde partie. *Preuves*, pages 260-261.

indications, bien incomplètes il est vrai, mais cependant dignes de quelque attention.

Le titre de comte d'Angers est celui que donnent le plus souvent à Robert le Fort les anciens chroniqueurs. Le prédécesseur de Robert dans cette charge se nommait le comte Eudes. Il est connu par un échange fait en 851 entre lui et Dodon, évêque d'Angers, en vertu duquel l'ancien château des comtes de cette ville fut cédé au prélat pour devenir résidence épiscopale : c'est encore sur les vieux murs gallo-romains abandonnés par Eudes que s'élève aujourd'hui l'évêché d'Angers, reste intéressant du moyen âge, tandis que le manoir primitif des évêques, donné en contre-échange par Dodon, a fait place au château d'Angers, la sombre et imposante citadelle des ducs d'Anjou. Dans le cours de cette même année le comte Eudes est encore cité comme abbé laïque, *rector*, de l'abbaye de Saint-Aubin d'Angers, dans une charte du roi Charles le Chauve, en date du 16 août 851 (1). Il semble que Robert le Fort doive se rattacher d'une manière plus directe à ce personnage qu'à tout autre : son nom est celui que portera le fils aîné de Robert; sa charge est celle qui tient la place la plus distincte dans la courte et brillante carrière de Robert lui-même. Rien d'ailleurs ne s'oppose à ce que Eudes, comte d'Angers, ait été le neveu d'Eudes, comte d'Orléans, et le fils de Guillaume, comte de Blois. Dans cette hypothèse, Robert le Fort serait regardé comme un frère cadet d'Eudes, comte d'Angers, à la mort duquel il aurait recueilli ce comté et peut-être aussi celui de Blois. Ces conjectures acquerraient un notable degré de force, s'il était prouvé, comme l'a cru Du Bouchet, que le successeur de Guillaume et le prédécesseur de Robert au comté de Blois était un comte du nom d'Eudes. Bien que l'opinion de Du Bouchet ait rencontré peu de faveur dans le monde savant, il est nécessaire d'entrer dans quelques détails à ce sujet, puisque cette opinion, si elle se trouvait justifiée, militerait en faveur de la thèse de M. de Barthélemy. Celui-ci ne s'est toutefois pas arrêté à examiner la valeur des assertions de Du Bouchet, dont, il est vrai, le sens critique ne peut guère inspirer de confiance.

La pièce invoquée par Du Bouchet est une donation faite à Saint-

(1) *Recueil des historiens*, tome VIII, page 518.

Martin de Tours, en mai 846, par le comte Eudes et sa femme Guande-moldis, de deux manses situés l'un dans le Dunois, *pagus Dunensis*, l'autre dans le Blaisois, *pagus Blesensis*, à Bullainville et Villemaure sur le Loir, localités peu éloignées de Châteaudun, dont l'acte porte la date (1). Suivant Du Bouchet, Eudes y est qualifié comte de Blois, *Odo comes Blesensis;* mais ce dernier mot ne se trouve pas reproduit dans les différentes copies faites sur le célèbre cartulaire de Saint-Martin de Tours dit la *Pancarte noire.* Ce cartulaire, de même que les originaux des chartes qu'il reproduisait, non sans quelques inexactitudes (2), ayant été détruits en 1793, toute vérification nous est aujourd'hui impossible. Il se peut que la mention du comté de Blois existât sur le document primitif et se soit trouvé omis dans la transcription du cartulaire; il se peut aussi qu'elle ait été empruntée à une annotation marginale. Mais les motifs qui ont fait rejeter le plus généralement l'assertion de Du Bouchet se puisent dans une série d'autres actes où se trouve mentionné Eudes, l'époux de Guandemoldis, et d'où l'on a tiré des conséquences que peut-être ils ne comportaient pas.

Par charte du 11 octobre 849, le roi Charles le Chauve fit don au comte Eudes, son fidèle, d'une terre de cinquante manses à Nogent-en-Othe, lieu qui dépendait du comté de Troyes (3). Par un acte de date postérieure qui n'est point parvenu jusqu'à nous, Eudes donna cette terre de Nogent à l'église de Saint-Martin de Tours, pour être spécialement affectée à l'entretien des chanoines de la collégiale. Charles le Chauve accorda son approbation à cette libéralité, dont la date n'est pas connue. Il en est fait mention dans les chartes de confirmation accordées à Saint-Martin de Tours par le roi Louis le Bègue le 5 septembre 878, par Carloman vers 882, et par Charles le Gros le 22 août 886 (4). Mais

(1) M. E. Mabille, *La Pancarte noire*, page 118. Du Bouchet, *La véritable origine*, etc. Seconde partie, *Preuves*, page 251.

(2) M. E. Mabille, *La Pancarte noire*, page 64, note, page 66, note. Voir aussi page 15 et page 14, note.

(3) *Recueil des historiens*, tome VIII, page 505; dom Martène, *Amplissima Collectio*, tome I, colonne 120. M. E. Mabille, *La Pancarte noire*, page 91.

(4) ... « Novientum villam, quam Odo comes per licentiam genitoris nostri fratribus » contulit... » (Diplôme de Louis le Bègue, *Recueil des historiens*, tome IX, page 406.

la jouissance des chanoines de Saint-Martin ne fut pas immédiate. Ils eurent, autant qu'on peut en juger, à supporter l'usufruit de la comtesse Guandemoldis; car les cartulaires de la collégiale conservaient une charte datée de la vingt-deuxième année du règne de Charles le Chauve, 871 ou 872, par laquelle le comte Boson et Bernard, exécuteurs testamentaires de leur ami le comte Eudes, donnent à Saint-Martin et à l'abbé Hugues, pour le repos de l'âme dudit Eudes et de sa femme Guandemoldis, la ville de Nogent-en-Othe dépendant de leur succession (1). Il résulte de ce dernier acte que la donation primitive n'avait pas encore reçu son effet. La possession de ce domaine, situé dans le comté de Troyes, a donné lieu de croire que le comte Eudes, mari de Guandemoldis, n'était autre qu'Eudes, comte de Troyes à la même époque. Cependant l'identification de ces deux personnages est très-certainement une erreur.

Il n'y avait, sous le règne de Charles le Chauve, dans le royaume de Neustrie, entre la Loire et la Meuse, pas moins de quatre personnages revêtus des fonctions de comte qui portaient le nom d'Eudes. Pour admettre même qu'il n'en existât pas un cinquième, il est nécessaire de supposer qu'Eudes, époux de Guandemoldis, était un de ces quatre dignitaires.

Eudes, comte de Troyes, était encore vivant en l'année 877 : c'est ce qui résulte d'un titre relatif à la terre de Chaource (2). Il est donc impossible de le confondre avec le donateur de Nogent-en-Othe, mort longtemps avant 872. Eudes de Troyes avait succédé vers l'an 854 au comte Aledramn; il eut lui-même pour successeur son frère Robert (3).

Un second comte Eudes était fils du comte Hardouin, et frère d'Ansgarde, première femme de Louis le Bègue, mariée en 862. Son comté,

... « Insuper et Novientum villam, quod Odo comes per licentiam domni Caroli prœ-
» dicti avi nostri contulit sancto Martino suisque clericis... » (Diplôme de Carloman, *Ibid.*, tome IX, page 427.)

... « Noviento, quàm Odo comes integerrimè ad peculiare fratribus contulit... » (Diplôme de Charles le Gros, *Ibid.*, tome IX, page 350.)

(1) M. Emile Mabille, *La Pancarte noire*, page 145.

(2) M. d'Arbois de Jubainville, *Histoire des ducs et des comtes de Champagne*, tome I, page 62 et page 446.

(3) *Recueil des historiens*, tome VIII, page 591.

un de ceux compris depuis dans la province de Normandie, était très-probablement celui d'Evreux, qu'il transmit à son fils (1). Il était trop jeune, en 846, pour pouvoir être l'époux de Guandemoldis.

Le troisième Eudes exerçait ses fonctions de comte sur les confins de la Bourgogne et de la Provence. Son nom paraît avec l'orthographe bourguignonne Oddo (2). Rien n'autorise à lui trouver de rapports avec le bienfaiteur de Saint-Martin de Tours.

Le quatrième était Eudes, comte d'Angers en 851. Il n'y a point d'obstacle à le supposer l'époux de Guandemoldis. Toutefois, comme il est très-douteux qu'il fut revêtu de cette charge dès l'an 846, il faudrait admettre qu'il possédait un autre comté, celui de Blois ou tout autre. Mais comme Robert le Fort se trouve, peu d'années après, comte d'Angers et de Blois tout ensemble, il n'y a rien que de vraisemblable à supposer qu'il avait succédé à Eudes dans l'une comme dans l'autre de ces charges. S'il en était ainsi, la conclusion que l'on en déduirait avec le plus de probabilité, serait de regarder Eudes comme un frère aîné de Robert, et de les croire l'un et l'autre fils de Guillaume, comte de Blois, et neveux d'Eudes, comte d'Orléans. L'existence de Guillaume fils d'Eudes d'Orléans et frère de la reine Hermentrude, qui aurait eu des prétentions à élever sur le comté de Blois dans tout ordre différent de parenté, rend cette hypothèse la plus acceptable. Elle ne s'éloigne pas de celle que M. de Barthélemy vient de produire, quoique fondée sur une manière d'envisager les faits un tant soit peu différente.

Si l'on admettait que telle était la naissance de Robert le Fort, il faudrait lui reconnaître aussi une parenté avec une famille qui a joué un rôle des plus considérables dans l'histoire des enfants de Charlemagne. Nous apprenons de l'auteur anonyme de la *Vie de Louis le Débonnaire*, qu'Eudes, comte d'Orléans, et Guillaume, comte de Blois, étaient cousins du fameux Bernard, comte de Barcelone et marquis de Septimanie, le fils de saint Guillaume, duc d'Aquitaine, fondateur de l'abbaye de Gellone, si connu dans les romans de chevalerie sous le nom de Guillaume

(1) *Annales de Saint-Bertin* ans 862 et 878. *Recueil des historiens*, tome VII, page 78; tome VIII, page 28.

(2) *Recueil des historiens*, tome VIII, pages 622 et 630. Sans doute le même que le comte Audo. *Ibid.*, tome VII, page 347.

au Court-Nez. Les savantes recherches de M. Emile Mabille lui ont démontré que la famille de saint Guillaume tirait son origine du pays d'Autun, et il croit qu'on peut rattacher à la même souche Hildebrand, comte d'Autun en 827 (1). Mais ce qui est digne de remarque, c'est que d'après le cartulaire de Perrecy, cité par M. Mabille, le successeur d'Hildebrand au comté d'Autun fut précisément Eudes, comte d'Orléans, et, suivant le même érudit, également comte de Nevers. Trente ans plus tard, Robert le Fort, sans doute dans l'espoir de mettre fin aux luttes sanglantes dont la Marche de Bretagne était le théâtre, se démet du comté d'Angers : en compensation, ce sont précisément les comtés d'Autun et de Nevers dont il est investi (2). Le premier venait d'être confisqué sur Bernard, fils du fameux marquis de Septimanie, de même nom ; mais pendant plusieurs années, ce seigneur sut s'y maintenir en dépit des ordres du roi Charles le Chauve et des efforts de son fils Louis le Bègue, qui, par un nouvel échange, avait reçu cet apanage à la place du comté d'Anjou et du duché d'entre Seine et Loire de nouveau confiés à Robert. L'occupation passagère des comtés de Nevers et d'Autun ne fut pas le seul lien qui rattachât Robert le Fort à cette partie de la Bourgogne : il semble y avoir aussi possédé des domaines privés, notamment celui de Tillenay (3). Guillaume, fils d'Eudes, comte d'Orléans, paraît avoir eu dans cette même contrée ses principaux établissements ; du moins, ce fut là que prit fin sa malencontreuse révolte (4). De cet ensemble de circonstances, il est naturel de conclure que Robert le Fort, de même qu'Eudes d'Orléans, se rattachait par une commune filiation à des aïeux originaires du pays d'Autun, dont la famille de saint Guillaume d'Aquitaine et de Bernard de Septimanie était également issue. Ces deux maisons seraient-elles donc deux branches sorties de la même souche en ligne masculine? Cela ne semble pas probable, car, à une exception près, les mêmes noms n'y

(1) *Le royaume d'Aquitaine et ses Marches*, par M. E. Mabille, page 13-37.

(2) *Annales de Saint-Bertin*, an 865. Le comté d'Auxerre est également nommé comme ayant été donné à Robert le Fort. Y aurait-il eu confusion de la part de l'annaliste ? Conrad, présumé beau-père de Robert, était comte d'Auxerre, et, selon M. de Barthélemy, il ne mourut qu'en 866. D'autres, il est vrai, placent sa mort en 864.

(3) Dom Plancher, *Histoire de Bourgogne*, preuves, tome 1, colonne 16.

(4) *Annales de Saint-Bertin*, an 866.

étaient point en usage. Nous ne voyons ni un Eudes, ni un Robert, parmi les membres de la nombreuse famille de Guillaume d'Aquitaine, non plus que dans la descendance du comte Hildebrand d'Autun. Nous ne trouvons chez les comtes d'Orléans et de Blois, ni chez les ducs de France, aucun exemple des noms de Théodoric, de Bernard, d'Héribert, ni d'Hildebrand (1). La consanguinéité une fois admise, elle se présente donc avec l'apparence d'une parenté par femme, provenant vraisemblablement de l'alliance d'un des ancêtres de Robert avec une parente de Guillaume d'Aquitaine et de Hildebrand d'Autun : ainsi on pourrait supposer, sans difficulté, que la mère d'Eudes, comte d'Orléans, et de Guillaume, comte de Blois, était sœur, nièce, ou cousine de saint Guillaume. Ce n'est là qu'une conjecture, mais elle répond suffisamment aux circonstances du cas. La grande célébrité de l'illustre duc d'Aquitaine expliquerait l'adoption du nom de Guillaume dans la famille qui s'alliait à la sienne; que ce nom n'ait pas continué à être en usage parmi les descendants de Robert le Fort, c'est ce que le mauvais renom et la triste fin de Guillaume d'Orléans, décapité à Senlis en 866, expliquent surabondamment.

Si les différentes alliances dont il vient d'être question semblent résulter de l'ensemble des circonstances, sans toutefois être prouvées par un texte formel, il en est d'autres pour lesquelles on peut invoquer le témoignage positif d'auteurs contemporains. Abbon, dont le poème fut composé sous le règne d'Eudes, nomme Adhémar, comte d'Angoulème et de Poitiers, comme uni à ce prince par les liens du sang; il cite un guerrier du nom d'Adelelme qui donnait le titre d'oncle à Robert frère du roi Eudes. De son côté, l'annaliste de Metz donne le titre de neveu d'Eudes à Waltgaire, comte de Laon, que ce prince fit décapiter en 892, et dit en même temps que Waltgaire était fils du comte Adelelme, oncle du même roi. Le comte Mégingaud, dont les possessions étaient situées sur les bords de la Moselle, était également neveu du roi Eudes selon les *Annales de Metz* (2). Il est très-difficile de donner une base sérieuse à des hypothèses sur la nature de la parenté qui unissait

(1) Voyez M. E. Mabille, *Le royaume d'Aquitaine*, pages 12 et 14. On a donné à Hugues le Grand une sœur nommée Hildebrante, mariée à Herbert, comte de Vermandois. Le nom et l'existence même de cette princesse ne sont rien moins que prouvés.

(2) *Annales de Metz*, an 892.

ces divers personnages à la famille de Robert le Fort. M. de Barthélemy
croit que Robert eut deux sœurs qu'il fait épouser, l'une au comte Adelelme auquel il donne, outre Waltgaire, un fils nommé aussi Adelelme,
l'autre au père inconnu du comte Mégingaud ; il ne motive pas ces conjectures qui, jusqu'à plus ample explication, risqueront d'être classées
parmi les suppositions gratuites. Quant à la parenté du roi Eudes avec
Adhémar, à qui les chroniques donnent pour père Emenon, comte de
Poitiers avant l'an 839, lequel fut tué dans un combat en 866, et pour
frère Adelelme tué au siége d'Aurillac, M. de Barthélemy renonce à offrir
aucune sorte d'explication. Il est certain que l'absence de documents doit
imposer en pareille matière la plus grande réserve ; toutefois, il est permis d'indiquer entre plusieurs hypothèses possibles celle qui semble soulever le moins de difficultés. A ce titre, on peut dire que si la mère de
Robert le Fort était de la famille du comte Adelelme, père de Waltgaire,
cette circonstance expliquerait pourquoi la maison des ducs de France
possédait plusieurs domaines privés sur les limites des contrées qui furent depuis l'Ile-de-France et la Champagne. Suivant un texte, dont, il est
vrai, la parfaite exactitude n'a pas été universellement admise, Hugues
le Grand, petit-fils de Robert le Fort, y tenait la terre de Lachy comme
héritier du comte Aledramn qui l'avait reçue en don de l'empereur Charlemagne (1). Ce personnage ne doit pas être confondu avec Aledramn,
comte de Troyes sous le règne de Charles le Chauve, ni avec un autre
Aledramn comte de Barcelone en 848 et 850 (2), ni enfin avec Aledramn
comte de Mâcon en 871 (3). On peut supposer que la mère de Robert le
Fort descendait d'Aledramn, contemporain de Charlemagne, et que le
comte Adelelme, père de Waltgaire de Laon, en était également issu.
Emenon, comte de Poitiers, père d'Adhémar et de l'autre Adelelme, était
vraisemblablement allié à la même famille, soit qu'il eût épousé une
propre sœur de Robert, ou seulement sa cousine du côté maternel. Quant
au comte Mégingaud, les apparences ne sont pas en faveur d'une al-

(1) *La Pancarte noire*, par M. Emile Mabille, page 95. M. Mabille ne semble point
considérer la mention de la parenté d'Aledramn comme douteuse.

(2) M. d'Arbois de Jubainville, *Histoires des ducs et des comtes de Champagne*, tome I.
M. Emile Mabille, *Le royaume d'Aquitaine*, page 54.

(3) *Recueil des historiens*, tome VIII, page 636.

liance directe avec la famille de Robert le Fort. Mais si, comme il semble probable, le roi Eudes était par sa mère petit-fils d'Adélaïde d'Alsace, il ne serait point étonnant qu'il eût compté, entre le Rhin et la Moselle, d'assez proches parents pour qu'un chroniqueur ne se soit pas fait scrupule de donner à un d'eux le titre de neveu de ce monarque.

Pour achever de passer en revue toute la parenté présumée de Robert le Fort, il nous reste à examiner un système dont l'auteur, M. Emile Mabille, est, parmi les savants de nos jours, un de ceux qui ont fait de l'époque carolingienne l'étude la plus approfondie. Dans son introduction aux *Chroniques d'Anjou* éditées par la Société de l'Histoire de France, M. Mabille émet, avec une certaine réserve, l'opinion que Robert le Fort était issu de Hugues, comte de Tours en 811, et de Robert, aussi comte de Tours en 822. Hugues eut certainement pour fils Béranger, comte de Toulouse de 817 à 835. La conjecture formée par M. Mabille semble avoir pris depuis lors plus de poids à ses yeux, car dans sa *Notice sur le royaume d'Aquitaine* destinée à la nouvelle édition de l'*Histoire du Languedoc*, il fait mention de la parenté du comte Béranger et de Robert le Fort sans l'accompagner d'aucune expression de doute (1). M. de Barthélemy rejette au contraire cette hypothèse comme dénuée de tout appui autre que la similitude de noms d'ailleurs assez répandus à cette époque. Sous Charlemagne, pendant les premières années du règne de Louis le Débonnaire, rien n'entravait encore la volonté du souverain dans la disposition des gouvernements de province. Il pouvait lui convenir de transmettre au fils d'un comte la charge qu'avait occupée le père; mille circonstances pouvaient également le porter à donner la préférence à tout autre. En ce qui concerne le comté de Tours, rien n'autorise à présumer une parenté entre Hugues, comte en 811, et Robert comte en 822. On conçoit d'autant mieux le choix d'un successeur en dehors de la lignée du comte Hugues, que son fils, Béranger, venait d'être élevé aux fonctions bien plus importantes du comte de Toulouse, rendues d'ailleurs incompatibles avec le gouvernement de la Touraine par la distance des lieux. Il est bon de remarquer aussi que le comte Béranger favorisait le parti de Lothaire, quand ce prince, révolté

(1) Page 33.

contre son père, le contraignit à déposer la couronne; et ce qui le prouve, c'est que Bérenger joignit alors à la charge de comte de Toulouse celle de marquis de Septimanie, dont Bernard, principal soutien des intérêts de Louis et de Judith, se vit dépouiller. C'est là une circonstance qui est loin de rendre probable une proche parenté entre Bérenger et Robert le Fort. Le nom de Bérenger n'a d'ailleurs jamais été employé dans la postérité de Robert. On ne peut guère douter que Hugues le Grand, son petit-fils, n'ait reçu ce nom en souvenir de Hugues l'Abbé, dont son oncle et son père avaient été les pupilles, et qui était en son temps le plus grand personnage du royaume; il est bien moins probable qu'on pensât alors à perpétuer la mémoire d'un comte de Tours, mort depuis trois quarts de siècle. Les apparences n'ont donc à cet égard rien de favorable au système de M. Mabille. Mais on ne saurait élever les mêmes objections en ce qui concerne Robert, comte de Tours en 822. Ce n'est pas qu'on lui connaisse pour successeur immédiat un membre de la famille de Robert le Fort, puisqu'il semble probable que Vivien, abbé de Saint-Martin de Tours, de Marmoutiers, de Cormery et de Saint-Florent de Saumur, était comte en Touraine de 844 à 851. Mais c'est la province où nous trouvons à la fois le centre des premiers établissements politiques et la situation de la plupart des domaines privés de Robert et de ses enfants. Le nom lui-même, qui vraisemblablement reproduisait celui d'un aïeul, se joignant à cette circonstance, ne permet pas de rejeter entièrement la seconde partie des conjectures de M. Mabille. Cependant, pour reconnaître en Robert, comte de Tours, le père d'Eudes, comte d'Orléans et de Guillaume, comte de Blois, l'aïeul d'Eudes, comte d'Angers et de Robert le Fort lui-même, il serait à désirer qu'à de faibles indices vînt se joindre l'appui de quelque preuve matérielle. Jusque là, ils ne peuvent servir de fondements qu'à une simple hypothèse. Mais ce qui semble établi avec un degré suffisant de certitude, c'est que, même en admettant que ces conjectures dussent être en tout ou en partie rejetées, on n'en devrait pas moins conclure que le premier auteur connu de la maison de France appartenait par sa naissance à une famille de haut rang et de nationalité neustrienne.

## IV

En terminant un aperçu malheureusement bien incomplet des données qui nous restent sur la famille de Robert le Fort, il ne sera peut-être pas hors de propos de tracer le tableau des événements auxquels ce grand homme prit part. Ils sont contenus dans un très-petit nombre d'années tué à Brissarthe, en juillet 867, Robert est pour la première fois mentionné dans l'histoire huit ans auparavant. Cependant, il y a tout lieu de croire que dès la mort du comte Vivien, en 851, il reçut en bénéfice l'abbaye de Marmoutiers. C'était devenu l'usage des souverains de disposer des principaux monastères en faveur de laïques qui prenaient le titre d'abbés ou de recteurs. Robert figure sous ce titre dans un diplôme du roi Charles le Chauve, du 3 avril 852 (1). Il paraît toutefois que si les avantages temporels attachés au titre d'abbé furent dévolus à Robert, les moines de Marmoutiers n'en conservèrent pas moins un supérieur ecclésiastique ou abbé régulier ; il se nommait Herberbe et régissait le monastère quand il fut pris et saccagé par les Normands, en 853 (2). Et cette même année, Robert fut chargé de l'important office de *Missus dominicus* : La circonscription qu'il dut parcourir, de concert avec Dodon, évêque d'Angers, et avec Osbert, comprenait le Maine, la Touraine, l'Anjou, le Corbonais et le pays de Séez (3). En quelle année Robert succéda-t-il à Eudes comme comte d'Angers? On ne saurait le dire. Il semble toutefois que ce dut être avant l'an 858 où l'autorité de Charles le Chauve cessa pour quelques temps d'être respectée en Neustrie.

C'est en 859 seulement qu'une ligne des *Annales de Saint-Bertin* mentionne pour la première fois Robert le Fort en ces termes : *Pippinus Rotberto comiti et Britonibus sociatur*. Il est étrange que Robert, allié de si près au roi Charles le Chauve, et destiné à être le défenseur du royaume,

---

(1) ... « Illustris viri Rotberti rectoris monasterii Sancti-Martini quod Majus Monas-
» terium dicitur... » (*Recueil des historiens*, tome VIII, page 520.)

(2) *Notice sur Marmoutier*, par M. André Salmon. *Mémoires de la Société archéologique de Touraine*, tome XI, page 251.

(3) *Recueil des historiens*, tome VII, page 616. « Dodo episcopus, Hrotbertus et Osber-
» tus, Missi in Cinnomannico, Andegavensi, atque Turonico, Carboniso et Sagiso. »

soit d'abord cité parmi des rebelles. Il est vrai qu'il l'était alors avec presque tous les grands de la Neustrie. Charles, en cédant les Marches de l'Ouest en 856 à son fils Louis le Bègue à peine sorti de l'enfance, avait été si malheureux dans le choix des conseillers du jeune prince, que leur administration souleva bientôt une révolte générale. La Neustria, exposée aux ravages des Normands, chercha de tous côtés un appui et se trouva réduite à accepter l'alliance des Bretons, qui ne cessaient pourtant de la dévaster (858). Louis, contraint à fuir au delà de la Seine, ne trouva d'asile qu'auprès de son père (1). Celui-ci avait alors à combattre l'insurrection de presque toutes ses provinces et à tenir tête en même temps à son frère, Louis le Germanique, qui s'efforçait de profiter de ses embarras pour lui arracher la couronne. Ce ne fut qu'en 860 que Charles le Chauve, réunissant une puissante armée, put marcher contre les Bretons et les insurgés réunis. Cette expédition amena bientôt pour lui un véritable désastre. Devant les charges répétées de la cavalerie bretonne, les Saxons de son avant-garde lâchèrent pied les premiers ; le reste de son armée ne tarda pas à partager leur désordre. Placé dans une situation périlleuse, ne pouvant prévoir à cette campagne qu'une fâcheuse issue, Charles quitta précipitamment ses troupes que cet abandon acheva de décourager : leur retraite se changea en fuite (2). Les Bretons, ne rencontrant plus de résistance, exercèrent d'affreux ravages sur le sol neustrien. Cette odieuse conduite devait pour toujours dégoûter Robert de leur alliance.

La situation cependant devenait de plus en plus fâcheuse pour Charles le Chauve. Une flotte normande, sous les ordres de Wéland, venait de paraître sur les bords de la Seine, et ce n'était point trop de toutes les forces du royaume pour conjurer un tel danger. Charles traita avec Robert à Meung-sur-Loire, par l'entremise de Gunffrid et de Gozfrid seigneurs des marches de Bretagne : le comte d'Anjou recouvra ses honneurs et son commandement (3). Rentré en grâce auprès du roi, il

---

(1) « Comites verò Karli regis cum Britonibus juncti, deficientes a Karlo, filium ejus
» Hludowicum ejusque sequaces, a partibus Cenomannicis deterritum, Sequanam tran-
» sire atque ad patrem refugere compellunt » (*Annales de Saint-Bertin*, an 838).

(2) *Annales de Metz*, an 860.

(3) « Karolus... Sequanam transiens Meldunum super Ligerim adit, Rodbertum cum

ne tarda pas à obtenir toute sa confiance. Une double alliance au degré
le plus proche ne liait-elle pas Robert le Fort à la famille royale? Quel
seigneur neustrien pouvait donner de plus sûrs garants de sa fidélité?
Dans l'assemblée annuelle tenue à Compiègne en 861, Charles le Chauve
l'investit du duché ou commandement général des pays situés entre la
Seine et la Loire, qu'il dut défendre à la fois contre Bretons et Normands (1). Est-ce de ce jour que fut constitué le duché de France? C'est
une opinion très-répandue que combat M. de Barthélemy, et, il faut
l'avouer, non sans de graves motifs. Les pouvoirs confiés à Robert
n'étaient autres que ceux dont avaient été antérieurement revêtus les
comtes Eudes d'Orléans, Lambert de Nantes et Vivien. D'ailleurs l'usage
du temps réservait le nom de France aux contrées situées à l'est de la
Seine, et celui de Neustrie désignait seul alors les provinces d'entre
Seine et Loire. Enfin, il ne faut pas oublier que la grande féodalité
n'était pas encore constituée, et que les titres donnés depuis aux grands
fiefs ne représentaient encore que des charges publiques. Mais M. de
Barthélemy va plus loin : « Les ducs, » dit-il, « n'avaient pas de comman-
dements territoriaux (2). » C'est là une thèse qu'il semble difficile d'éta-
blir. En confiant à un chef militaire le commandement supérieur d'une
frontière ou d'une région, le monarque ne pouvait se dispenser de tracer
les limites où il exercerait son autorité; et du moment où un certain
nombre de comtes étaient tenus d'obéir à ses ordres, on peut dire avec
exactitude qu'il avait sous son commandement tout le territoire de leurs
comtés. Ainsi l'office du duc ne différait de celui du comte que par son
étendue et sa prééminence ; mais quant aux attributions politiques et
militaires, il s'exerçait également sur un territoire déterminé : ce n'est
pas qu'il en fût absolument de même dans l'ordre civil et judiciaire. Les
chroniqueurs, qui donnent le nom de duché au grand commandement de
Robert, ne lui accordent à lui-même que le titre de marquis. Le marquis
était un gouverneur militaire de frontière dont l'autorité pouvait être limi-
tée à un seul comté, dont il était le titulaire, mais qui, le plus souvent,

» placitis honoribus recipit. Quâ occasione Guntfridus et Gozfridus, quorum consilio
» Karolus præfatum Rodbertum receperat... » (*Annales de Saint-Bertin*, an 861.)

(1) *Annales de Metz*, an 861.

(2) Page 134.

exerçait un commandement supérieur sur une grande étendue de pays, dont les divers comtés lui étaient subordonnés. Dans le premier cas, c'était un comte muni sans doute de pouvoirs militaires spéciaux; dans le second cas, le marquis se confondait avec le duc, et l'on trouve, en effet, ces deux titres donnés indifféremment aux mêmes personnages. Robert le Fort étant pourvu de comtés avant d'être élevé à un commandement plus important, il était naturel de le considérer comme un marquis plutôt que comme un duc. Ses fils, et après eux Hugues le Grand, son petit-fils, ayant joint à cette grande charge une autorité semblable sur la Bourgogne et sur la région à l'est de la Seine, purent être désignés comme ducs de Neustrie, ducs de France, ducs de la Celtique, ducs des Francs, et, avec une nuance d'exagération, ducs de toutes les Gaules et marquis du royaume. L'accumulation de plusieurs charges dans les mêmes mains suffit à donner naissance à ce pouvoir sans précédent. Il n'est pas nécessaire de supposer, comme le fait M. de Barthélemy, que le roi Eudes voulut délibérément reconstituer sous un nouveau nom, au profit de son frère Robert, l'ancienne autorité des maires du palais.

Revenons à Robert le Fort, dont cette digression nous a un peu éloignés. A peine investi du haut commandement des Marches de l'Ouest, il eut à soutenir une rude guerre contre les Bretons, auxquels vinrent se joindre ces mêmes Guntfrid et Gozfrid, qui, après avoir réconcilié le roi Charles et Robert, ne purent supporter de passer sous les ordres de celui-ci (1). Dans cette lutte, le nouveau général déploya une activité et des talents extraordinaires (2). Salomon, roi des Bretons, avait pris à sa solde une flottille normande pour ravager les bords de la Loire; Robert s'empara de douze de ces navires et fit fit un grand carnage des barbares qui les montaient (862). A ce danger en succéda un autre plus grand encore. Wéland et ses Normands, que Charles le Chauve avait à

(1) ... « Qua occasione Guntfridus et Gozfridus quorum consilio Karolus præfatum » Rodbertum receperat, cum suis complicibus gentilitia mobilitate et inolita consuetu- » dine a Karolo ad Salomonem Britonum ducem deficiunt » (*Annales de Saint-Bertin*, an 861).

(2) « Karolus placitum habuit in compendio, ibique cum optimatum consilio Rotberto » comiti Ducatum inter Ligerim et Sequanam adversum Britones commendavit, quem » cum ingenti industria per aliquod tempus rexit » (*Annales de Metz*, an 861).

prix d'argent éloignés des rives de la Seine, ne s'en étaient retirés que pour faire voile vers l'embouchure de la Loire. Robert, dont les plus grands efforts arrêtaient avec peine les progrès des Brétons, eut à craindre de voir ces nouveaux ennemis se joindre à Salomon pour l'accabler. Il fallut négocier afin de détourner cet orage. Une somme de six mille livres d'argent fit pencher les Normands du côté des Neustriens ; Wéland, leur chef, reçut le baptême avec son épouse et ses enfants, et fut présenté au roi Charles le Chauve (1).

L'année 862 ne s'était pas écoulée que Louis le Bègue, propre fils du roi Charles, impatient de partager avec son père le pouvoir et les honneurs de la royauté, vint se joindre aux Bretons à l'instigation de Guntfrid et de Gozfrid, dont l'ambition savait mettre en jeu tous les ressorts. Louis, à la tête d'une puissante armée bretonne, envahit l'Anjou et met tout à feu et à sang. Robert, inférieur en forces, est d'abord contraint à temporiser ; mais bientôt il fond sur les Bretons chargés de butin et leur inflige une sanglante défaite. Deux cents de leurs chefs restent sur le terrain. Une nouvelle rencontre ne lui est pas moins favorable : l'armée de Louis est mise en déroute, et ce prince échappe lui-même avec peine à la poursuite du vainqueur (2).

L'année suivante (863), Charles le Chauve, qui dans le cours de l'hiver avait reçu la soumission de son fils, auquel il donna en apanage le comté de Meaux, se résolut à porter en personne la guerre chez les Bretons. Il réunit toutes ses forces, mais ne tarda pas à comprendre

---

(1) « De quibus Rodbertus duodecim naves, quas Salomon in contrarietatem ejus lo-
» cario jure conduxerat, in fluvio Ligeri capit ; omnesque, qui in illo fuere navigio, in-
» terfecit, præter paucos, qui fuga lapsi delituerunt. Rodbertus autem Salomonem sus-
» tinere non valens, cum præfatis Nortmannis, qui de Sequana exierunt, antequam illos
» Salomon sibi adversùs cum adsciceret, datis utrinque obsidibus, in sex millibus ar-
» genti contrà eumdem Salomonem convenit. Welandus cum uxore et filiis ad Carolum
» venit et christianus cum suis efficitur » (*Annales de Saint-Bertin*, an 862).

(2) « Hludowicus denique filius Caroli regis, consilio Guntfridi atque Gozfridi, Salo-
» monem adit, validam Britonum manum obtinet et cum eis Robertum patris fidelem
« impetit : Andegavum et alios quos adire potuit pagos, cœde, igni, deprædatione de-
» vastat. Rotbertus siquidem Britones redeuntes cum maxima deprædatione aggreditur
» et plusquàm ducentos Britonum primores occidit et prædam excutit. Quem iterùm
» Hludowicus bello quærit, in fugam ab eo vertitur, et dispersis sociis vix evasit »
(*Annales de Saint-Bertin*, an 862).

qu'elles ne suffiraient pas à rendre son entreprise facile ; il prit donc le parti de traiter avec Salomon (1). La paix fut signée à Entrammes ; Salomon se reconnut tributaire de Charles, qui lui abandonna une partie de l'Anjou et l'abbaye de Saint-Aubin d'Angers autrefois possédée par le comte Eudes. Robert, dont les droits se trouvaient lésés, reçut sans doute ailleurs des compensations. Le traité s'étendit aux comtes neustriens restés jusqu'alors dans l'alliance des Bretons, Gozfrid, Roricon, Hérivée, et mit ainsi un dernier terme à la rébellion de 858. Les Normands, dont les flottes se montraient fréquemment à l'embouchure de la Loire, restèrent seuls menaçants.

Le printemps de 864 appela Robert à Pistres, où le roi avait convoqué une assemblée générale. Il y présenta à Charles le Chauve Egfrid, comte de Toulouse, qu'il avait fait prisonnier. Ce seigneur, coupable d'avoir précédemment poussé à la révolte le jeune Charles d'Aquitaine, second fils du roi, obtint son pardon par l'intercession de Robert (2). Celui-ci faillit être victime à ce plaid de Pistres d'un guet-apens de la part de Bernard, comte d'Autun, aux yeux duquel la confiance que lui témoignait Charles le Chauve semblait un crime irrémissible. Robert fut investi des honneurs dont un jugement solennel déclara Bernard déchu (3).

Le vaillant comte d'Anjou se signala encore dans le cours de la même année contre les Normands de la Loire. Dans un premier combat il tailla complétement en pièces une horde de ces barbares ; mais attaqué presque aussitôt par une seconde division supérieure en forces, il se trouva exposé aux plus grands dangers. Quoique blessé, il parvint à

(1) « Carolus iterum cum immenso exercitu fines Britonum intravit ; sed minimè ut » optaverat, prævaluit ; novissimè autem cum eis pacem fecit » (*Annales de Metz*, an 863. Voir aussi les *Annales de Saint-Bertin*).

(2) « Egfridus, qui transactis temporibus cum Stephano filium et æquivocum regis » ab obedientia paterna subtraxerat, a Rodberto capitur, et regi in eodem placito præ-» sentatur. Cui rex, deprecatione ipsius Rodberti, ceterorumque suorum fidelium, quod » in eum commiserat, perdonavit » (*Annales de Saint-Bertin*, an 864).

(3) « Karolus Kalendas junii in loco qui Pistis dicitur generale placitum habet. Ber-» nardus... Unde judicio suorum fidelium honores, quos ei dederat, rex recepit et Rod-» berto fideli suo donavit. » (*Ibid.*)

s'ouvrir une retraite avec peu de pertes, et ne tarda pas à être en état de porter de nouveau les armes (1).

L'an 865 trouva Robert combattant encore une invasion de Normands. Ils avaient envahi le Poitou et saccagé la ville de Poitiers. Robert écrasa une de leurs divisions restée sur les bords de la Loire ; leurs armes et leurs étendards furent envoyés en hommage au roi Charles. Mais celui-ci, assailli de toutes parts, cherchait à s'assurer la paix, du moins de la part de ses propres enfants. Dans ce but, il se résolut à donner pour la seconde fois un grand établissement en Neustrie à Louis le Bègue toujours avide de régner. Les anciennes relations de ce prince avec les Bretons pouvaient faire espérer qu'il obtiendrait de leur part une plus scrupuleuse observation des traités. On laissa incertaine la question du titre royal, auquel Louis ne cessait d'aspirer. Robert lui résigna le commandement supérieur des Marches de Bretagne, avec son comté d'Anjou et son abbaye de Marmoutiers ; il reçut en échange les comtés de Nevers et d'Auxerre, et conserva celui de Blois avec l'investiture d'Autun, réunissant ainsi la plupart des charges qu'Eudes d'Orléans et Guillaume de Blois avaient possédées trente ans plus tôt (2). Cet arrangement dura peu : Louis le Bègue ne se montra point capable d'arrêter les incursions des Normands ; la capitale du Maine fut prise et saccagée (3). En 866, Charles le Chauve rappela au commandement de la Neustrie celui qui seul savait la défendre, et, sur sa demande, un nouvel échange assigna le comté d'Autun à Louis, tandis que Robert rentrait lui-même en possession du comté d'Anjou, auquel le roi joignit

(1) « Rodbertus Comes Andegavensis aggrediens duos cuneos de Nortmannis , qui in
» Ligeri fluvio residebant , unum quidem exceptis paucis evadentibus interfecit , et altero
» majore retro superveniente vulneratur. Unde , paucis suorum amissis, sibi secessu
» consuluit , et post paucos dies convaluit. » (*Ibid.*)

(2) « Carolus Hludowicum filium suum in Neustriam dirigit, nec reddito, nec inter-
» dicto sibi nomine regio : sed tantùm comitatum Andegavensem et abbatiam Majoris
» Monasterii et quasdem villas illi donavit. Rodberto ; qui marchio in Andegavo fuerat ,
» cum aliis honoribus quos habebat , comitatum Autissiodorensem et comitatum Niver-
» nensem donavit. » (*Annales de Saint-Bertin* , an 865.)

(3) C'est probablement alors qu'eut lieu le sac de la ville d'Orléans et du monastère de
Fleury-sur-Loire ; cependant les chroniques racontent ce fait avant la cession du duché
d'entre Seine et Loire à Louis le Bègue.

l'abbaye de Saint-Martin de Tours. Engelwin, titulaire de ce bénéfice, en fut expulsé, on ne sait pour quels griefs. D'autres honneurs, dont il fut en même temps dépouillé, furent partagés entre les amis de Robert (1).

L'an 867 amena une nouvelle invasion normande (2) : la rive droite de la Loire en fut le théâtre. Un corps de cavalerie, composé de Normands et de Bretons, s'avança jusqu'au Mans et mit de nouveau cette ville au pillage. Robert le Fort, Ranulfe, comte de Poitiers, et les comtes Gotfrid et Hérivée, réunirent leurs forces et se mirent à la poursuite des déprédateurs. A leur approche, ceux-ci se retranchèrent dans l'église de Brissarthe, où les chefs de l'armée franque se disposèrent aussitôt à les investir. Robert, fatigué par la chaleur d'une journée d'été, avait déposé son armure pour respirer un instant, quand les Normands tentent brusquement une sortie imprévue ; il saisit son épée, les repousse, les poursuit jusqu'au seuil de l'église où ils s'étaient fortifiés et tombe là percé de coups. Consternés de sa mort, voyant aussi Ranulfe mortellement atteint et Hérivée blessé, les Neustriens se retirèrent, pleurant le seul guerrier qui parût capable de préserver leur patrie des fléaux qui l'accablaient (3). Ainsi mourut Robert le Fort, en juillet 867, ayant en

(1) « Carolus Rodberto comiti abbatiam Sancti-Martini ab Engelwino ablatam donat, » et ejus consilio honores, qui ultrà Sequanam erant, per illius complices dividit. Comi- » tatum quoque Augustidunensem a Bernardo filio Bernardi super Rodbertum occupatum » Hludowico filio suo ipsius Rodberti consilio ad eum ditendum commisit » (*Ibid.*, an 866).

(2) Pour les motifs, qui font placer le combat de Brissarthe et la mort de Robert en 867, plutôt qu'en 866, voir M. de Barthélemy, page 142.

(3) « Nortmanni commixti Britonibus circiter quadringenti de Ligeri cum caballis » egressi, Cinomannis civitatem adeunt. Qua deprædata, in regressu suo usque ad locum, » qui dicitur Brissarta, veniunt : ubi Rotbertum et Ramnulfum, Godtfridum quoque et » Heriveum comites, cum valida manu armatorum, si Deus cum eis esset, offendunt. » Et conserto prælio Rotbertus occiditur. Ramnulfus plagatus, cujus vulnere postea » mortuus est, fugatur : et Heriveo vulnerato et aliis quibusdam occisis, ceteri ad sua » quique discedunt » (*Annales de Saint-Bertin*, an 866).

« Nortmanni ora Ligeris fluminis occupantes, Namnetensem, Andegavensem, Picta- » vensem, atque Turonicam provinciam iterato depopulari cœperunt. Contrà quos Ro- » bertus, qui Marcham tenebat, et Ramnulfus dux Aquitaniæ, collecta multitudine, aciem » dirigunt. Illi sentientes se ab exercitu insequi, cum summa acceleratione ad classem » repedare contendunt : sed cùm appropinquare insequentium multitudinem cernerent,

peu d'années rempli une glorieuse carrière. Sa perte excita les regrets de ses contemporains (1), et l'un d'eux, l'annaliste de Metz, nous dit que ses hauts faits, si le récit en eût été conservé, soutiendraient le parallèle avec les exploits de Judas Macchabée. Comme lui proclamé le sauveur du peuple, il versa comme lui son sang pour la patrie. En présence de l'invasion étrangère, quand l'ennemi souille son territoire et dévaste ses provinces, heureuse la nation qui rencontre un cœur assez vaillant pour ranimer ses espérances, joint à un bras assez fort pour la défendre!

Louis RIOULT DE NEUVILLE.

» cognoscentes se effugere non posse, quamdam villam ingrediuntur, ubi se quantûm
» hora permisit, communiunt. Erat autem in eadem villa basilica pergrandis ex lapide
» constructa, in qua maxima pars Nortmannorum introivit cum duce suo, nomine Has-
» tingo. Robertus et Ramnulfus cum sociis suis super eos irruunt et quoscumque extra
» basilicam reperiunt, necant. Ad ecclesiam pervenientes, cûm vidissent locum muni-
» tum, et animadvertissent non modicam turbam paganorum intrinsecus latitantem,
» parumper deliberantes, castra in circuitu statuunt, tentoria figunt, ut in crastinum
» extructis aggeribus, applicatisque machinis, hostes totis viribus expugnarent : decli-
» nabat quippè sol jam ad occasum. Robertus nimio calore exæstuans, galeam et lori-
» cam deposuit, ut aurâ collectâ, paulisper refrigeraretur. Cùmque unusquisque in posi-
» tione castrorum intenderet, repentè Nortmanni a munitione exeunt, et cum ingenti
» clamore super Robertum ac socios impetum faciunt. Robertus verò cum sociis arma
» corripiunt, hostes viriliter excipiunt, et cædentes in basilicam redire compellunt. Ro-
» bertus absque galea et lorica accurrens, cùm incautiùs dimicaret, et inimicos inseque-
» retur, interfectus est in introitu ipsius ecclesiæ : ejus corpus jam exanime Nortmanni
» intrinsecus trahunt. Iste Robertus nostris temporibus fuit quasi alter Machabæus :
» cujus prælia, quæ cum Brittonibus et Nortmannis gessit, si per omnia scripta fuissent,
» Machabæi gestis æquiparari potuissent... Exercitus, amisso capite, mærore repletus,
» eadem hora solvit obsidionem et ad propria revertitur » (*Annales de Metz*, an 867).

(1) Cependant le chroniqueur de Saint-Bertin ne semble avoir vu dans la mort de Robert que le juste châtiment d'une jouissance indue des bénéfices ecclésiastiques dont le roi l'avait pourvu. « Et quoniam Ramnulfus et Rodbertus de præcedentium se vin-
» dicta, qui contra suum ordinem, alter abbatiam Sancti-Hilarii, alter abbatiam Sancti-
» Martini presumpserat, castigari noluerunt, in se ultionem experiri meruerunt »
(*Annales de Saint-Bertin, loco citato*).